AF395659

DE

L'ACTION PÉNALE

EN DROIT MUSULMAN

RITE HANEFITE

PAR

OMAR BEY LOUTFY

SOUS-DIRECTEUR ET PROFESSEUR DE DROIT CRIMINEL
A L'ÉCOLE DE DROIT DU CAIRE

1er FASCICULE

PRIX : 3 Francs.

PARIS

IMPRIMERIE ET LIBRAIRIE GÉNÉRALE DE JURISPRUDENCE

MARCHAL ET BILLARD

IMPRIMEURS-ÉDITEURS, LIBRAIRES DE LA COUR DE CASSATION

Maison principale : Place Dauphine, 27
Succursale : Rue Soufflot, 7

1897

DE
L'ACTION PÉNALE

EN DROIT MUSULMAN

RITE HANEFITE

PAR

OMAR BEY LOUTFY

SOUS-DIRECTEUR ET PROFESSEUR DE DROIT CRIMINEL

A L'ÉCOLE DE DROIT DU CAIRE

1er FASCICULE

PRIX : 3 Francs.

PARIS

IMPRIMERIE ET LIBRAIRIE GÉNÉRALE DE JURISPRUDENCE

MARCHAL ET BILLARD

IMPRIMEURS-ÉDITEURS, LIBRAIRES DE LA COUR DE CASSATION

Maison principale : Place Dauphine, 27

Succursale : Rue Soufflot, 7

1897

DE
L'ACTION PÉNALE
EN DROIT MUSULMAN

DE

L'ACTION PÉNALE

EN DROIT MUSULMAN

RITE HANEFITE

PAR

OMAR BEY LOUTFY

SOUS-DIRECTEUR ET PROFESSEUR DE DROIT CRIMINEL
A L'ÉCOLE DE DROIT DU CAIRE

1er FASCICULE

PRIX : 3 Francs.

PARIS

IMPRIMERIE ET LIBRAIRIE GÉNÉRALE DE JURISPRUDENCE

MARCHAL ET BILLARD

IMPRIMEURS-ÉDITEURS, LIBRAIRES DE LA COUR DE CASSATION

Maison principale : Place Dauphine, 27
Succursale : Rue Soufflot, 7

1897

PRÉFACE

Malgré les efforts très louables de certains publicistes, savants et jurisconsultes qui ont écrit sur le droit musulman, il me semble que jusqu'à présent cette matière reste encore assez peu connue en Europe. Ceci n'a rien de surprenant : une législation née au sein de l'Arabie, discutée, approfondie et traitée pendant des siècles dans une langue étrangère à l'Européen ne peut que lentement et difficilement se faire une place parmi les connaissances du monde occidental.

Il faut certainement de longues études, de la patience et beaucoup d'efforts pour arriver à pénétrer le secret des lois mahométanes. Ces difficultés existent même pour celui dont la langue maternelle est celle du Coran, attendu que nos ouvrages de droit musulman sont écrits dans un arabe dont l'accès n'est pas facile au vulgaire.

Voici pourquoi les institutions musulmanes ont été mal comprises par quelques publicistes, heureusement peu nombreux, qui n'ont pas étudié de près le droit islamique, et ne l'ont examiné que très superficiellement.

On a cru que cette législation était immobile, rétrograde et hostile à toute civilisation et à tout progrès. J'ai la conviction du contraire et j'affirme que la législation musulmane n'est pas fermée aux idées et aux nécessités qui ont surgi depuis la date de sa naissance jusqu'à nos jours.

Le but du législateur musulman était de rendre sa loi accessible dans son application à tous les temps et à tous les lieux.

En effet, d'après les données de la Siassa Charieh (Politique légale) que nous allons étudier plus loin, le Chef de l'Etat (Calife) peut codifier dans une certaine mesure toutes les actualités naissantes que réclame l'intérêt social.

Les choses nouvelles, islamisées dans ces conditions, peuvent être acceptées par tout musulman et passer à ses yeux pour des vérités islamiques.

Que l'on me permette de citer à ce propos le passage suivant de S. E. Sawas Pacha, auteur de la Théorie du Droit musulman (1).

« Si les hommes éclairés qui dirigent aujourd'hui les destinées de la France, pourraient distraire de leurs occupations les heures nécessaires à la lecture de ce volume, ils prendraient connaissance de deux vérités qui forment à elles seules le secret du gouvernement des peuples mahométans.

Ces vérités fournissent la solution du problème qui commence à préoccuper, à en juger par la presse, les esprits en France à propos des musulmans de l'Algérie.

Elles se résument comme il suit :

1° Le musulman, tout mauvais musulman qu'il puisse être, ne peut accepter, sans abjurer, une vérité de n'importe quelle nature, — toutes les vérités sont religieuses pour le musulman, —

(1) 1re partie, pages 26 et 27.

si elle n'est pas islamisée, c'est-à-dire s'il ne lui est pas démontré qu'elle s'appuie sur l'une des assises sacrées jetées par Dieu et son prophète.

2° Rien n'est plus facile, l'abondance des sources de la loi musulmane étant donnée, que d'islamiser toutes les vérités, de les asseoir sur des bases absolument orthodoxes et de les rendre par conséquent, non seulement acceptables, mais obligatoires pour la conscience mahométane. »

Il n'est pas sans intérêt pour la cause que je soutiens autant que pour celle de la vérité, de citer aussi l'opinion d'un savant français, M. Cadoz, qui a bien compris le droit musulman parce qu'il a mis vingt-cinq ans à l'étudier, et qu'il l'a appris dans les manuscrits arabes avec des Tolbas (étudiants) indigènes en Algérie.

M. Cadoz s'exprime ainsi dans son ouvrage, Initiation à la Science du droit musulman, préface XI : « Le travail que je publie ici est, qu'on me permette d'oser le dire, nouveau dans son genre. Je le crois appelé à faire revenir tout esprit impartial de beaucoup d'erreurs et de préjugés, et à démontrer que la loi musulmane n'est pas aussi hostile à nos idées ni aussi rebelle à nos institutions qu'on s'est plu à le dire. »

M. Cadoz exprime autrement la même idée dans son livre intitulé : Examen critique de la traduction officielle qu'a faite M. Perron du livre de Khalil : « *Le but de mes efforts autant dans cette critique que dans mon précédent livre :* Initiation à la science du droit musulman, *a été de démontrer que les institutions musulmanes ont été envisagées sous un faux jour par tous les savants. En effet si ces institutions ont été essentiellement mauvaises, les musulmans n'auraient pu, avec les mêmes lois que celle qu'ils ont aujourd'hui, demeurer pendant plus de sept cents ans le plus grand et le plus civilisé des peuples de l'Occident.* »

En effet M. Cadoz ne s'est pas trompé, car je peux dire, sans exagérer, qu'il y a des principes et des institutions musulmanes qui ne diffèrent pas des institutions modernes du droit européen. Je prends pour exemple, puisqu'il faut prouver ce que je dis, le principe de l'inviolabilité

1.

du domicile. Ce principe de droit public moderne est écrit en toutes lettres dans le Coran dont la promulgation, comme on le sait, date de plus de treize siècles. On le trouve aussi dans plusieurs hadiths (ou paroles) du *Prophète* et il est expliqué dans tous les commentaires et les traités de droit musulman. Toutes les restrictions apportées au principe telles qu'on les lit dans le code français, cas d'incendie, d'inondation, de crimes, etc., n'ont pas été oubliées par la législation islamique.

Il ne faut donc pas croire que la loi de l'Islam est une loi absolument religieuse, n'enseignant que la pure morale et ne jugeant les actions des hommes qu'au point de vue des fins dernières.

C'est une grande erreur que d'attribuer à cette législation un caractère qui ne lui est pas propre. Les lois musulmanes ne sont pas moins sociales que morales.

En effet, on peut extraire de l'ensemble des dispositions du *Coran* et des traditions (Sounnat) du **Prophète** des codes à l'instar de ceux qui sont à l'usage des peuples modernes et règlent tous les rapports sociaux des hommes.

L'œuvre législative de l'Islam a ses lois de statut personnel, comme elle a ses lois de statut réel. L'état de la personne, le mariage, les successions, le testament, etc., y sont définis et déterminés, aussi bien que le droit de propriété, de servitude, d'usufruit, etc.

Les contrats et obligations occupent une large place dans cette législation.

Les lois sur la procédure, organisation de la justice, modes de preuve, jugement, voies de recours, etc., sont l'objet d'un nombre considérable de dispositions.

Le droit criminel ne joue pas un rôle moins important dans l'œuvre législative de l'Islam.

Bref, la législation musulmane réunit, dans un seul code, tous les codes formant les législations modernes.

Le grand obstacle que rencontre celui qui veut écrire sur le droit musulman, c'est la méthode de répartition et la classification de cette matière dans nos ouvrages. Pour étudier une question quelconque, il faut chercher dans plusieurs chapitres les matériaux nécessaires à la construction du travail que l'on veut traiter. Le titre de ces chapitres n'indique pas souvent votre sujet ou ne l'indique qu'implicitement, ce qui fait que pour trouver la place précise où il est traité, il faut avoir lu en entier l'ouvrage consulté.

Or pour porter à la connaissance du monde européen des vérités islamiques, il me semble préférable de les lui présenter dans la forme et avec la méthode qui lui sont familières.

Sawas Pacha a été le premier à ma connaissance qui ait composé un travail dans ces conditions.

Son ouvrage intitulé Théorie du Droit musulman, imprimé à Paris en 1892, mérite certainement le premier rang.

Le regretté Kadri Pacha, grand savant égyptien, ancien ministre de l'instruction publique, mort depuis quelques années, a écrit deux ouvrages arabes, le premier intitulé **El Ahwal El Chaksich**, *sur le statut personnel en droit musulman*, et le second intitulé **Mourched El Haïran** *sur le statut réel*, qui ont été traduits en français par M. Aziz bey Kahel, *vice-président du tribunal d'Alexandrie*.

Ces deux ouvrages ont été extraits de la législation musulmane et composés par l'auteur dans l'ordre et la répartition des codes de nos jours, ce qui a été pour lui une tâche difficile et épineuse, étant donné que les matières de la science du droit sont classées dans nos ouvrages d'après un ordre tout à fait différent.

Les deux codes personnel et réel de feu Kadri Pacha ont rendu de grands services dans ce pays, surtout au personnel des tribunaux de la Réforme.

Suivant l'exemple de ces jurisconsultes, et sans avoir la prétention de posséder comme eux cette matière, j'ai conçu l'idée de présenter au public européen un Précis sur l'action pénale en droit musulman que j'ai divisé en quatre parties :

J'ai consacré :

La 1re partie à l'étude de l'action pénale au point de vue de son caractère ou système accusatoire en droit musulman ;

La 2e partie à l'étude de l'action pénale au point de vue de son exercice, de la procédure, et des modes de preuve ;

La 3e partie au jugement et aux voies de recours ;

La 4e partie aux modes d'extinction.

Pour le moment, il n'y a que la 1re et la 2e partie de ce travail qui soient en état d'être publiées.

Les deux autres parties de l'ouvrage seront publiées aussitôt qu'elles seront terminées.

La 1re partie que je publie en ce moment a été une de mes communications, comme délégué du gouvernement de Son Altesse le Khédive, au 10e Congrès des Orientalistes à Genève et elle a déjà paru parmi les actes de ce Congrès.

Une introduction historique sur le droit chez les Arabes avant l'Islam précédera mon précis sur *l'action pénale. Je n'ai pas la prétention d'offrir à mes lecteurs une étude complète sur ce sujet, car personne n'ignore que, jusqu'à présent, cette question n'a été l'objet d'aucune étude particulière.*

Les historiens qui ont écrit sur les Arabes avant l'Islam ne s'occupent généralement que de généalogie et des guerres civiles entre les tribus de la péninsule arabique.

Il est rare de rencontrer dans leurs récits une coutume ou une anecdote de laquelle on puisse tirer une règle ou un principe de justice.

Ce qui m'a réellement servi dans la composition de ce travail, ce sont les commentaires du Coran.

Certains d'entre eux ont pris soin, après avoir donné l'explication d'un verset, de raconter parfois comment les choses auxquelles s'applique ce verset étaient régies par les coutumes anté-islamiques.

DE L'ACTION PÉNALE

INTRODUCTION HISTORIQUE

SUR LE DROIT CHEZ LES ARABES AVANT L'ISLAM

En parcourant l'histoire des Arabes à l'époque anté-islamique, et en étudiant les mémoires, dépositaires des événements de cette histoire, on ne rencontre rien qui fasse supposer qu'ils aient adopté, à l'exemple des nations civilisées modernes, des institutions juridiques ou qu'ils se soient soumis à une loi quelconque. On reconnaît seulement que, pour régler une contestation, vider un différend, conclure un acte de mariage ou partager une succession, ils avaient recours à des coutumes plus ou moins raisonnables. En effet, les institutions prennent leur origine dans les usages et dans les besoins que la civilisation fait naître tous les jours. Elles prennent des proportions de plus en plus grandes suivant les exigences que la prospérité croissante impose aux peuples. La civilisation crée toujours de nouvelles nécessités et donne naissance à des rapports nouveaux que la loi en vigueur ne peut régler.

La race arabe n'ayant pas connu la civilisation dans ses temps anté-islamiques, l'esprit de légiférer ne pouvait y trouver sa place. Le peu de coutumes qu'elle avait suffisait tant bien que mal à ses besoins restreints, et à la solution des questions d'homicide, de succession, de mariage et de divorce. Toutefois, on ne peut pas méconnaître que des difficultés surgissaient très souvent, ce qui agrandissait la portée de cette loi coutumière. On sait que certains magistrats expérimentés travaillaient, dans le cas où ils étaient saisis d'une affaire sans précédent, à prendre une décision à la fois rationnelle et équitable. Cette décision était adoptée comme un principe nouveau. Nous pouvons citer parmi ces magistrats *Amer Ebn-el-Zhareb* (1), célèbre par son

(1) *Amsal El Midani*, 1re partie, pages 25 et 26.

esprit sagace, ses opinions judicieuses et sa perspicacité prodigieuse.

Nous allons donner le résultat des recherches si difficiles auxquelles nous nous sommes livré pour étudier le droit coutumier des Arabes.

I

LOIS DE FONDS.

Mariage (1).

Chez les Arabes de l'époque anté-islamique était prohibée l'union : 1° entre la mère et le fils ; 2° entre la fille et le père ; 3° entre beau-frère et belle-sœur ; 4° entre la marâtre et son beau-fils. Cet acte passait chez eux pour blâmable. Quiconque osait le faire était surnommé le Dayzan ou concurrent parce qu'il était le rival de son père.

On ne trouve pas d'autres cas de prohibition du mariage dans les traditions des Arabes. Il

(1) *El Nafhah-el-Meloukieh*, par O. Koloçany, 1re édition, Caire, 1311 de l'hégire, pages 180 et 181 ; Van Dyck, *Histoire et littérature des Arabes*, 1re édition, Caire, 1893, page 45.

semble qu'ils pouvaient épouser sans difficulté celles qui leur plaisaient. Ils avaient diverses manières de contracter le mariage. La plus fréquente consistait dans la proposition de mariage faite par le père à sa fille. Si elle acceptait, il tendait la main au fiancé, son tuteur ou son représentant, et faisait droit à sa proposition avec assignation d'une dot.

Parmi les différentes manières de conclure le mariage, on compte encore :

1° Le mariage dit *Sefah*. On entend par ce mot le mariage conclu dans les formes précitées, après essai réciproque des deux futurs conjoints, essai consistant en une union illégitime.

2° Le mariage appelé *Baghaya*. Cette espèce de contrat consistait en ce que la femme avait un commerce illicite avec plusieurs hommes l'un après l'autre. Si elle devenait enceinte, elle attendait le moment de l'accouchement pour rattacher son enfant à celui de ses amants auquel il ressemblait le plus. Celui-ci était le mari désigné de la femme.

3° Le mariage surnommé *Macte*. Cette expression signifie que si un homme vient à décéder, son fils aîné couvre de son vêtement la veuve de son père, prétendant qu'il en a hérité la jouissance. Il pouvait aussi la céder à un de ses frères contre une dot assignée.

Divorce (1).

Si les deux conjoints ne vivaient pas en bons rapports, ou si un désaccord s'élevait entre eux, chacun d'eux pouvait rompre le mariage. Quand c'était le mari, il s'adressait ainsi à sa femme : « Va rejoindre ta famille. » Si c'était la femme qui rompait le lien conjugal, elle tournait la porte de sa maison du côté opposé à la direction où elle se trouvait.

Succession (2).

On acquérait le droit d'hériter aux époques d'idolâtrie, par les deux causes suivantes :

1º Par la parenté ;

2º Par l'*Ahde*.

Parenté. — Les parents du sexe féminin et les garçons en bas-âge n'avaient pas le droit d'hé-rédité à l'époque anté-islamique. Les successions

---

(1) Même renvoi qu'à la page 19.

(2) El Fakhr-el-Razi, 1ʳᵉ édition, t. III, page 147. Imprimerie Khayrieh, Caire, 1308 de l'hégire.

étaient réservées aux parents du sexe masculin capables de combattre à cheval et de ramasser le butin. On suivait alors un principe unanimement adopté et conçu dans ces termes : Sont exclusivement dignes d'hériter, les parents capables de porter les armes, de s'en servir pour protéger les leurs et de recueillir le butin.

L'*Ahde*, ou pacte, se passait ou par le serment liant deux hommes entre eux, ou par l'adoption.

1° On entend par Ahde sous la foi du serment un contrat bilatéral conclu dans la formule suivante : « Mon sang et le vôtre ne font qu'un ; mon habit et le vôtre n'en forment qu'un seul. Je m'érige votre héritier et vous êtes le mien. Je suis votre vengeur et vous devez me venger. » Une fois le contrat passé, le survivant des deux contractants doit hériter des biens laissés par l'autre.

2° L'adoption engendrait aussi le droit d'hériter. La législation musulmane confirma d'abord l'adoption en y ajoutant la confraternité et l'émigration.

La confraternité. — Elle consistait en ce que deux hommes qui n'étaient pas parents s'uni saient entre eux par des liens fraternels et vivaient en frères. Les hommes ainsi fraternisés se constituaient héritiers l'un de l'autre.

L'émigration. — Lorsque deux hommes quittaient ensemble leur pays pour aller s'établir ailleurs, alors qu'ils étaient liés par des liens d'intimité et de fraternité, l'émigration simultanée produisait pour chacun d'eux le droit d'hériter de l'autre. Plus tard, les dispositions du droit musulman conférant ce droit aux hommes fraternisés et émigrés furent rapportées.

Les causes donnant naissance au droit d'héritage devinrent depuis :

1° La parenté ;
2° Le mariage ;
3° L'affranchissement.

Peines (1).

L'homicide donnait lieu, tantôt à la peine de mort, tantôt au prix du sang ou indemnité pécuniaire du meurtre. Mais ces deux condamnations étaient empreintes d'une iniquité évidente: Si la tribu de la victime était plus noble que celle du meurtrier, elle exigeait pour le sang

(1) El Fakhr-el-Razi, 1re édition, t. II, page 108. Imprimerie Khayrieh, Caire. 1308 de l'hégire.

d'un esclave le sang d'un homme libre ; pour le sang d'un homme libre le sang de deux hommes libres, et pour le sang d'une femme le sang d'un homme. Pour les blessures, elle exigeait le double, en ce sens que la perte d'un membre était compensée par celle de deux. Quelquefois elle allait plus loin en se montrant plus exigeante encore. On raconte à ce propos qu'un homme d'une tribu inférieure ayant tué un autre homme d'une tribu supérieure, les parents du meurtrier se rendirent chez le père de la victime pour lui demander ce qu'il voulait en réparation de ce crime. Il leur parla ainsi : « De trois choses l'une, ou rendre la vie à mon fils, ou remplir ma maison d'étoiles, ou me livrer tous les gens de votre tribu pour les mettre à mort. Cependant rien de tout cela ne compenserait la perte de mon fils »

Quant à l'indemnité pécuniaire du meurtre, elle variait suivant que la victime appartenait à une condition plus ou moins élevée. Le taux en différait selon l'usage des différentes tribus. Chez les Coraychites (1), le prix du sang était de cent chameaux.

(1) Trad. de l'histoire de Sédillot, Caire, 1304 de l'hégire.

Les Arabes appliquaient la peine de mort. Les axiomes qu'ils nous ont laissés le démontrent (1) : « Tuer les uns pour sauver la vie des autres ; faire usage fréquent de la mort aboutit à la rareté de l'homicide ; la peine de mort est le moyen de préservation le plus sûr contre l'homicide. » Voici la nomenclature des peines que nos recherches dans les traditions des Arabes ont permis de connaître (2) :

1° La peine de mort.

2° La lapidation.

3° La mutilation de la main.

4° Le jet du haut d'une roche.

5° L'enterrement du coupable vivant.

Cette dernière coutume (3) était plutôt une mesure préventive qu'une peine contre l'opprobre éventuel. D'après l'usage, le père à qui sa femme donnait une fille, amenait cette dernière chez sa mère pour la parfumer et la parer. Après

page 19. Caussin de Perceval, *Essai sur l'histoire des Arabes*, tome 1ᵉʳ, page 267.

(1) El Fakhr-el-Razi, 1ᵉ édition, tome II, page 108. Imp. Khayrieh, Caire, 1308 de l'hégire.

(2) Sawas Pacha, *Théorie du droit musulman*, 1ʳᵉ édition, p. 120 et 121. Imp. Marchal et Billard, Paris, 1892.

(3) Van Dyck, *op. cit.*, p. 45, 1ᵉ édition. Imp. nationale, Caire.

2

quoi il la conduisait au bord d'un puits. Il lui conseillait d'y regarder et aussitôt il la poussait dans l'abîme. La mère, dit-on, faisait de même quand le moment de l'accouchement approchait ; elle se tenait au bord d'une fosse. Si le nouveau-né était du sexe féminin, elle l'y jetait ; si au contraire c'était un garçon, elle l'emportait.

L'islamisme est venu supprimer cet arbitraire et ces peines aussi injustes qu'excessives. Il n'en a conservé que la lapidation en cas d'adultère, et la mutilation de la main en cas de vol. Ces dernières sont même rarement appliquées, parce que le législateur a soumis leur application à des conditions souvent irréalisables.

II

LOIS DE PROCÉDURE.

Le peuple arabe était divisé du temps de l'idolâtrie en plusieurs tribus différentes ayant chacune un chef distinct portant le titre de *cheikh* ou *saïd* (1). Ces tribus différentes s'unissaient en groupes pour se ranger chacune sous le dra-

(1) Trad. de l'histoire de Sédillot, page 19.

peau d'un chef suprême appelé *émir*. L'émir connaissait des affaires des particuliers et prononçait ses sentences après avoir entendu les chefs des tribus. Il appartenait à une famille puissante. L'ascendant héréditaire de l'émir suppléait au pouvoir exécutif que les Arabes ne connaissaient pas. Néanmoins, il y avait des particuliers qui se déclaraient disposés à juger les différends qui leur seraient soumis par les justiciables (1). La décision du juge arbitre était obligatoire.

(1) Parmi ces juges nous sommes parvenu à connaitre :
1. Acçam-Ebn-Saïfi.
2. Hagueb-Ebn-Zourarah.
3. El Acrâ-Ebn-Habes.
4. Rabia-Ebn-Mokhachin.
5. Damrah-Ebn-Abi-Damrah.
6. Amer-Ebn-El-Zareb.
7. Ghaïlân-Ebn-Salmah.
8. Abd-El-Mottaleb.
9. Abou-Taleb.
10. El-Aci-Ebn-Waïl.
11. Al-Alâ-Ebn-Harethah.
12. Rabia-Ebn-Hizar.
13. Yamar-Ebn-Chaddakh.
14. Safouan-Ebn-Omaïah.
15. Salma-Ebn-Naoufal.
Les femmes juges sont :
16. Sahr-bent-Lokman.
17. Hind-bent-El-Hassan.
18. Gomak-bent-Habis.
19. Ibnet-Amer-Ebn-El-Zarehb.

Les contestations qui s'élevaient entre les Arabes du temps du paganisme étaient de deux sortes :

1° Contestations entre particuliers d'une même tribu.

2° Contestations entre particuliers de tribus différentes.

1° *Contestations entre particuliers appartenant à une même tribu.*

Si une contestation surgissait entre deux personnes d'une même tribu, le procès était intenté, en matière criminelle, ordinairement par devant le chef spécial de la tribu, lequel tranchait la question aussitôt qu'il en était saisi. En présence des questions d'homicide, de vol et de blessures, le magistrat se livrait à une enquête sérieuse et à une réflexion approfondie. Le système de preuve adopté communément en cas de vol était ce qu'on appelle *El-Kiafak* (1) ou art de suivre les traces. Il y avait des personnes qui se consacraient à cet art qui est encore connu de nos jours des Bédouins du désert. Ils le désignent sous le nom de *Casse-el-Assar*.

(1) *El Nafhah-el-Meloukieh*, par O. Koloçany, 1re édition. Caire, 1311 de l'hégire, page 193.

On venait souvent à bout de la découverte de l'auteur quand on avait recours au Kiafak.

Les justiciables, avons-nous dit, appartenant à une même tribu, soumettaient quelquefois leur différend à un juge arbitre choisi souvent parmi les prêtres ou les hommes sages. La nomination d'un arbitre avait lieu surtout en présence des contestations dont la solution exigeait des aptitudes spéciales et une sagacité particulière. L'équivoque et les métaphores dont les Arabes se servaient dans les contrats engendraient le plus souvent ces difficultés (1).

2° *Contestations entre des individus de tribus différentes.*

Les tribus auxquelles appartenaient les justiciables pouvaient être soumises à un même émir ou à des émirs différents.

a) Dans la première hypothèse, les parties étaient libres d'intenter le procès par devant l'émir ou par devant un arbitre choisi. Si elles intentaient leur cause par devant le chef suprême ou l'émir, celui-ci tranchait le différend après avoir pris l'avis des cheikhs des tribus. La

(1) Voir l'histoire des fils de Nizâr dans Amsal-el-Midani, tome I, page 10.

2.

décision était obligatoire. Si elles soumettaient leur contestation à un arbitre, les parties s'entendaient souvent au préalable sur des obligations imposables à celui contre qui la sentence serait rendue (1).

b) Si la contestation s'élevait entre des individus de tribus différentes relevant de deux émirs différents, la tribu de la victime soumettait ses prétentions à la tribu du délinquant (2). Si celle-ci ne faisait pas droit à ses réclamations, une déclaration de guerre était inévitable.

Dans le cas où le différend n'était pas résolu à l'amiable, la guerre éclatait entre les deux tribus. Si l'une d'elles remportait la victoire sur l'autre, la difficulté, source de la guerre, disparaissait. Mais, quelquefois, le combat durait longtemps sans que la victoire se déclarât pour l'une ou pour l'autre. Alors, las de la guerre, les combattants composaient une commission des hommes des deux tribus pour conclure un traité de paix.

S'il s'agissait d'une propriété ou d'un bien que les deux tribus se disputaient, on choisis-

_____

(1) Voir un exemple dans Caussin de Perceval, *op. cit.*, t. I.

(2) Voir un exemple dans *El Nafhah-el-Meloukieh*, par O. Koloçany, 1ʳᵉ édition, Caire, 1311 de l'hégire, p. 182.

sait un arbitre. Le jugement de l'arbitre était décisif, et la tribu qui obtenait gain de cause jouissait paisiblement du bien qu'il lui avait adjugé (1).

Une coutume très intéressante chez les Arabes, dans le cas où l'auteur n'était pas connu, était de faire prêter serment à 50 personnes de la tribu de l'individu qu'on présumait être l'auteur du meurtre (2). Les 50 personnes juraient, sur la foi de leurs croyances, qu'elles ne connaissaient point l'auteur véritable. La prestation de ce serment, qu'on appelle *K'assamah*, entraînait l'irresponsabilité de la personne accusée par les parents de la victime

III

LOIS D'EXÉCUTION.

Pour être investi du pouvoir de gouverner chez les Arabes, avant l'islamisme, on devait

(1) Voir un exemple dans C. de Perceval, *op. cit.*, t. I, p. 233 à 235. Cf. *Histoire de Tabari*.

(2) *El Nafhah-el-Meloukieh*, par O. Koloçany, 1re édition, Caire, 1311 de l'hégire, p. 182.

appartenir à une famille puissante dont l'autorité et l'ascendant pouvaient contribuer à l'exécution des jugements. Chez les Kabiles ou tribus dont le chef ou gouverneur ne remplissait pas ces conditions, l'exécution des sentences devait en souffrir ; ainsi l'autorité de Nomâne-Ibn-el-Mounzir, célèbre par sa vaillance et son ascendant, n'était redoutée que parce qu'il avait à sa disposition une troupe d'hommes assez nombreuse qui intimidait tous ses sujets ; il en est de même de Kossây, fondateur du Dar-el-Nadoua ou Hôtel du Conseil, qui jouissait à la Mecque d'un pouvoir suprême et d'un respect rare. Malgré cette puissance, ces personnages étaient obligés quelquefois d'employer toutes sortes de ruses et d'insinuations pour exécuter une sentence quand la force ne pouvait réussir (1).

Une autre manière d'exécution, quand le gouverneur était convaincu d'impuissance, consistait en ce que celui-ci cherchait à satisfaire lui-même le demandeur afin de le déterminer à renoncer aux poursuites (2).

Une grande difficulté d'exécution surgis-

(1) Exemple dans Amsal-El-Midani, tome 1, page 86.
(2) Exemple dans les proverbes de Midani, tome 1, page 31.

sait lorsque le coupable invoquait la protection d'un homme puissant qui lui donnait asile et prenait sa défense. Ce protecteur cherchait tout d'abord à faire obtenir à son réfugié le pardon de la victime. Dans le cas où il n'y réussissait pas, il avait recours aux mesures de rigueur, le cas échéant (1).

Le condamné sollicitait quelquefois l'ajournement de l'exécution du jugement à une époque déterminée. On faisait droit à sa demande, mais sous caution ; celle-ci s'exposait à subir la peine dans le cas où le condamné ne se présentait pas à l'expiration du délai accordé (2).

(1) Exemple dans les proverbes de Midani, tome I, page 222.
(2) Exemple dans les proverbes de Midani, page 46.

PREMIÈRE PARTIE

SYSTÈME ACCUSATOIRE

CHAPITRE PREMIER

CARACTÈRES.

En droit musulman, comme dans toutes les législations, la perpétration d'une infraction donne naissance à une action qui a pour objet la punition du délinquant, dans le but de maintenir l'ordre public et la sécurité sociale.

Cette action n'est pas revêtue d'un caractère public et n'appartient pas à un corps de fonctionnaires qui l'exercent au nom de la société, l'institution proprement dite du ministère public n'étant pas prévue par la loi musulmane.

Cette action n'est pas non plus l'action populaire des Romains, son exercice n'étant pas confié à tous les citoyens.

L'action pénale, en droit musulman, est, en principe, une action purement privée et n'appartient qu'à la victime de l'infraction ou à ses héritiers.

Il n'y a que la partie lésée qui puisse jouer le rôle d'accusateur.

Toute poursuite exercée par une autre personne est irrecevable.

Justification.

Cette particularité du droit musulman a sa raison d'être.

L'histoire nous décrit l'Arabe avant l'Islamisme comme étant par nature fier et indépendant.

La moindre offense ou l'injure la plus légère provoque son indignation et suscite sa colère.

Il n'y a que le glaive qui puisse satisfaire sa vengeance et effacer sa flétrissure.

De là, la vengeance ou guerre privée (*mobarazah*), d'individu à individu, ou de famille à famille, qui existait chez les Arabes.

Cette guerre se convertissait souvent en vengeance ou guerre publique de tribu à tribu dans le cas où l'offenseur était protégé par la sienne.

La vindicte privée ou publique avait lieu notamment à l'occasion des meurtres et était exercée avant tout par les héritiers de la victime.

Ceux-ci possédaient seuls le droit de vie et de mort sur la personne de l'assassin, c'est-à-dire le droit de vengeance ou de grâce.

Ils ne pouvaient souffrir que quelque autre personne exerçât ce droit en leur nom, à moins d'être considérés comme lâches ou impuissants.

L'amour propre de l'Arabe lui imposait le devoir d'employer ses propres bras pour venger un outrage adressé à sa personne ou à celle de son parent décédé.

L'Islamisme vient mettre fin à toutes ces haines séculaires. Il jette les fondements de l'union et organise une nouvelle société sur les bases solides de l'égalité et de la fraternité. Il fonde un système législatif destiné à régir la nouvelle société.

Dès lors, à la vengeance succède le droit, et au lieu de recourir à la force on a recours à la justice qui a mission de châtier le coupable.

Mais la nouvelle législation devait prendre en considération les mœurs et les usages traditionnels de ceux qu'elle allait régir.

Ses dispositions ne pouvaient que s'y conformer toutes les fois que le maintien de la situation anté-islamique n'était pas contraire aux principes de la morale ou aux règles de la justice.

Elle ne pouvait par conséquent arracher à la victime d'une infraction ou à ses héritiers, l'exercice de l'action répressive, pour la confier à une autre personne publique ou privée, tellement était enracinée dans les mœurs l'idée que chacun devait soi-même faire valoir ses propres droits.

Le caractère privé de l'action répressive en droit musulman donne lieu aux conséquences suivantes :

Conséquences.

1° Le juge ou cadi ne peut pas, sans excès de pouvoir, faire d'office l'application de la loi.

Sa juridiction contentieuse n'est valablement saisie que sur les poursuites de la partie lésée ou de ses ayants droit.

Quelle que soit la gravité de l'infraction, fût-ce même le crime capital, la peine légale ne peut être prononcée que sur les réquisitions de la victime.

2° L'action étant la propriété de la partie lé-

sée, celle-ci peut paralyser l'exécution du jugement (en matière de meurtre et de coups et
blessures) par son pardon ou sa grâce et rendre
pour ainsi dire inefficace la peine prononcée
par le juge.

Nous ne voulons pas donner en ce moment
les raisons justificatives de cette théorie du droit
de grâce considéré comme appartenant au particulier lésé.

Nous renvoyons l'étude de cette question à
la quatrième partie de l'ouvrage où nous étu-
dierons cette matière d'une façon spéciale.

Objection.

Je ne doute pas que dans l'esprit du lecteur
qui me suit, il ne se soit formé l'objection suivante :

N'est-il pas dangereux pour l'ordre public
que la disposition des intérêts sociaux les plus
graves dépende de la volonté et des caprices
d'une seule personne ?

Est-il juste, est-il logique, que la peine à
faire subir au coupable qui a violé les droits de
la collectivité, qui a méprisé et foulé aux pieds
les liens le rattachant aux autres, soit détruite
ou remise par l'inaction d'un seul individu ou
le pardon qu'il lui plaît d'accorder ?

Que deviendrait alors l'exemple qu'il est indispensable de donner aux autres personnes que seul le châtiment intimide et rend inoffensives ?

Que deviendraient la correction et l'amendement du coupable nécessaires pour empêcher la récidive ?

Un système répressif basé sur l'unique intérêt privé ne mérite-t-il pas toutes ces critiques ?

Oui, vous avez le droit de faire cette objection.

Votre objection est même sérieuse de prime abord.

Mais vous allez voir qu'elle est aisément réfutable par les raisons qui suivent, et que le Droit musulman a pris soin lui-même d'y répondre.

Il est vrai que le juge ne peut appliquer la peine légale, la peine prononcée par le code islamique, pour tel ou tel fait, de sa propre initiative et sans une action soutenue par la victime de l'infraction.

Ainsi, pour appliquer les peines du meurtre et du vol, peines édictées et déterminées par la loi à l'avance, la juridiction du Cadi ne peut être exercée qu'à la condition d'une poursuite.

Mais l'action de la justice ne s'arrête pas là.

Le législateur est trop prévoyant pour ne pas combler une pareille lacune et pour ne pas prescrire le remède nécessaire afin de suppléer à l'inaction de la partie civile ou à sa grâce.

Le remède dont il s'agit consiste en ce que le juge reçoit de la loi le pouvoir d'appliquer d'office des peines purement judiciaires connues sous le nom de *Taazir* ou corrections.

Le *Taazir* ou droit de correction est une des subdivisions de la *Siassah Charieh* ou politique légale.

Nous allons donner, dans le chapitre qui suit, des notions générales et succinctes sur la Siassah Charieh afin de pouvoir étudier ensuite le Taazir.

CHAPITRE II

EL SIASSAH EL CHARIEH. — DÉFINITION.

Les mots *El Siassah El Charieh* signifient, si l'on veut procéder à une traduction littérale, politique (Siassah) légale (Charieh).

Il est à remarquer que dans le langage juridique islamique, le mot *Siassah* signifie le gouvernement administratif d'*El Hakem*, par opposition au gouvernement divin ou juridique du Cadi ou juge.

Les jurisconsultes musulmans ont défini le Siassah El Charieh : « Tout acte émanant du hakem ou autorité qui gouverne, en vue d'un intérêt qu'elle vise, à défaut d'un texte spécial de la loi régissant cet acte. »

Il résulte de cette définition que la Siassah Charieh est, en quelque sorte, le pouvoir accordé à l'autorité qui gouverne de décider une question, de vider un différend, quand cette question n'est pas formellement prévue par la loi.

Mais, quelque étendu que soit ce pouvoir, il doit se renfermer dans certaines limites.

Le pouvoir dont il s'agit ne peut être légalement exercé qu'à la condition d'être légal. Le mot *Charieh* (légal) l'indique suffisamment.

Par conséquent, tout acte, toute décision prise par le hakem et qui choque les principes de la loi, tombe dans le domaine de l'arbitraire ou de l'injuste et ne peut trouver sa justification dans la Siassah Charieh.

Utilité.

L'existence d'une pareille institution en droit musulman paraît être d'une grande utilité sociale et d'une extrême nécessité.

Le but du législateur musulman est d'éterniser son œuvre et de rendre sa loi accessible, dans son application, à tous les temps et à tous les lieux.

Il ne faut pas que la variation des temps ou la diversité des intérêts et des besoins sociaux de chaque localité puissent élever une barrière contre l'application de la législation islamique.

La Siassah Charieh est destinée, par l'emploi qu'en fait le Calife ou le Juge, à aplanir ces difficultés.

Elle sert au premier de base pour codifier et réglementer toutes les nécessités et actualités naissantes, et au second de guide pour trancher même les contestations non prévues par la loi.

CHAPITRE III

EL TAAZIR.

Définition.

On entend par El Taazir (corrections) les peines illimitées ou indéterminées.

A la différence des Hodouds, peines ayant une limite et prononcées par la loi pour des faits déterminés, les Taazirs sont les peines prononcées par le juge et dont la détermination est laissée à son appréciation.

Ainsi, la peine de l'ivresse est un Had (singulier de Hodouds), parce qu'elle est déterminée par la loi dans son espèce et sa quotité.

L'ivrogne est puni de 80 coups de courroie.

Ce chiffre est invariable et non susceptible d'être augmenté ni d'être diminué.

Il en est de même de tous les Hodouds.

Au contraire, les Taazirs sont appliqués à des

faits indéterminés parce qu'ils ne sont pas prévus par la loi.

Le juge détermine leur qualification et choisit la peine qu'ils méritent.

Il doit, à ce sujet, prendre en considération la gravité de l'infraction (culpabilité absolue), et la situation de l'infracteur (culpabilité individuelle).

En effet, le caractère moral de l'infraction n'est pas le même chez les uns et les autres.

Il y en a, disent les jurisconsultes musulmans, qu'un clin d'œil du juge suffit à corriger, tandis que pour d'autres la bastonnade est indispensable.

Que l'on ne croie pas que les peines, en droit musulman, sont arbitraires, parce que les Taazirs sont laissés au pouvoir judiciaire.

Au fond les peines sont légales en Islamisme.

En effet, les infractions les plus graves sont définies, et les châtiments qu'elles méritent, *Hodouds* ou *Kessas*, sont déterminés par là loi ; c'est ce qui a lieu pour le meurtre, les coups et blessures, le vol, l'adultère, etc.

Là-dessus le juge n'a qu'une mission bien limitée ; il ne joue que le rôle d'un pouvoir exécutif chargé de prononcer la peine de la loi au fait constaté dans les formes légales.

Une grande partie des faits méritant les peines Taazirs, surtout les plus graves, sont aussi déterminés par la loi, ainsi que les peines à leur appliquer.

Du reste, la mission du juge, en droit musulman, n'est qu'un démembrement du pouvoir du Calife. Il est le délégué de celui-ci pour rendre la justice.

Le Calife peut limiter cette délégation et, en vertu de la Siassah Charieh, restreindre le pouvoir judiciaire quant aux Taazirs.

A cet effet, il n'a qu'à faire le tableau limitatif des faits prohibés et, pour chaque fait, préciser la peine qu'il mérite.

Le Calife mesurera, bien entendu, l'immoralité des actions et leur gravité au point de vue social, tout en prenant en considération la proportion qui doit exister entre la gravité du fait et celle de la peine.

Nous sortirions des limites de notre programme si nous donnions ici la nomenclature des peines Taazirs et les détails qui se rattachent à cette étude.

Nous nous contentons pour le moment d'avoir donné l'aperçu général qui vient d'être exposé et qui, du reste, était indispensable.

Revenons maintenant à notre sujet et rentrons un peu dans notre programme.

Le lecteur sait déjà pour quelle raison nous avons abordé l'étude des Taazirs.

L'essentiel était de savoir si, à défaut d'une poursuite soutenue par la partie lésée, l'infracteur pouvait recevoir un châtiment qui pût avoir pour effet le maintien de la sécurité sociale.

Oui, c'est dans les Taazirs que l'on peut trouver cet avantage.

Il n'est pas nécessaire, pour les appliquer, que le juge soit saisi par l'action de la victime de l'infraction.

Une simple dénonciation de toute autre personne suffit pour mettre en mouvement son autorité judiciaire.

C'est la différence principale entre les Hodouds et les Kessas d'un côté, et les Taazirs de l'autre.

Jamais le Had ou le Kessas ne peut être appliqué d'office par le juge.

Une poursuite est toujours indispensable.

Aussi, dans le cas où cette poursuite est négligée, on est obligé, pour sauvegarder la sécurité sociale, de procéder à l'application des peines nommées Taazirs.

Ainsi, nous prenons le cas d'un meurtre avec préméditation ; nous supposons que les héritiers de la victime aient renoncé à toute poursuite, ou bien qu'ils aient transigé avec le coupable.

Ce meurtre restera-t-il impuni ?

Non assurément. Le coupable peut être condamné par le juge à une peine Taazir, qui sera proportionnée à la gravité du fait et à la culpabilité de l'infracteur.

La partie lésée ne peut pas empêcher cette condamnation ni paralyser l'exécution du jugement par la remise de la peine.

CHAPITRE IV

EL HESBAH.

Une autre institution particulière au droit musulman et non moins utile que le Taazir pour la sauvegarde de l'ordre social nous sert de second argument contre l'objection déjà faite.

Cette institution c'est la Hesbah.

La Hesbah consiste à ordonner le bien et à défendre le mal.

Les devoirs de cet office, qui tient à la religion, en sont la base principale.

Ils sont en même temps le fondement sur lequel repose l'ordre public.

Aussi, s'imposent-ils à tous les musulmans, comme l'attestent plusieurs versets du Coran, parmi lesquels nous nous contentons de citer le suivant :

« Q'une foule d'entre vous invite les gens à faire le bien, ordonne de le faire et défende le mal. Ceux-là sont ceux qui réussissent le mieux. »

Les éléments dont se compose cet office sont au nombre de quatre.

Savoir :

1ᵉ *Mohtaceb*, ou celui qui exerce cet office ;

2° *Mohtaçab-Aleh*, ou celui sur lequel est dirigée l'action d'El-Mohtaceb ;

3° *Mohtaçab-Fih*, ou l'objet sur lequel s'applique cette action ;

4° *Lehtiçab*, ou l'action même d'El-Mohtaceb.

Nous allons procéder à l'étude de ces quatre éléments suivant l'ordre que nous venons de donner.

1° *El-Mohtaceb, ou celui qui exerce la Hesbah.*

El-Mohtaceb, ou la personne qui exerce la Hesbah, doit réunir les conditions suivantes :

Il faut :

1° Qu'il soit majeur ;

Le mineur auquel ne s'imposent pas les devoirs de la Hesbah peut cependant les accomplir, car pour pouvoir les accomplir, il suffit d'avoir la faculté de penser et de discerner. Mais cet accomplissement n'est que facultatif pour lui.

2° Qu'il soit musulman ;

3° Qu'il soit en son pouvoir de remplir cet office.

De sorte que, quand El-Mohtaceb, dans la crainte d'un danger imminent, ne l'exerce pas, il n'est pas fautif pour cela.

2° *El-Mohtaçab-Aleh, ou celui contre lequel est dirigée l'action d'El-Mohtaceb.*

Légalement, toute personne peut subir l'action du Mohtaceb, sans distinction aucune.

Ainsi, le fou, le mineur, parce qu'on peut les empêcher de commettre les faits prohibés par la loi avant leur complète consommation.

3° *El-Mohtaçab-Fih, ou objet auquel s'applique l'action d'El-Mohtaceb.*

El-Mohtaçab-fih est tout fait interdit par la loi, non achevé ou non consommé et dont l'interdiction n'est pas controversée.

1° Interdit.

Tels que les fraudes dans l'usage des poids

et mesures de capacité, l'adultère et l'ivresse, etc , l'action d'El-Mohtaceb ne pouvant pas porter sur un fait licite.

2º Non achevé ou non consommé.

Car, une fois le fait entièrement accompli, il donne lieu, non pas à l'Ehteçab, mais au châtiment qui doit être prononcé, non par le Mohtaceb, mais par le Cadi juge.

En effet, comment concevoir la défense d'une mauvaise action déjà commise?

3º Que l'interdiction du fait ne soit pas controversée.

En d'autres termes, qu'elle soit apparente et conforme aux doctrines données, qu'aucun effort intellectuel particulier ne soit nécessaire pour découvrir sa prohibition.

Exemple : Un Chaféite (celui qui embrasse la doctrine de l'Imam El-Chaféi) ne peut pas interdire à un Hanéfite (partisan de la doctrine de l'Imam El-Hanafi) d'habiter une maison acquise par préemption pour cause de voisinage, sous prétexte que dans le rite chaféite la préemption de voisinage n'est pas un mode d'acquérir la propriété.

4° *Lehtiçab, ou action d'El-Mohtaceb.*

Plusieurs procédés existent pour l'exercice de Lehtiçab, savoir :

1° L'enseignement pur et simple.

A cet effet, El-Mohtaceb enseigne à El-Mohtaçab-Aleh que ce qu'il commet est défendu par la Chariah (la loi).

Ce procédé ne peut être suivi qu'envers celui qui n'aurait pas pris la résolution de commettre le fait s'il savait qu'il est interdit.

El-Mohtaceb doit ménager celui-ci et ne le prendre que par la douceur.

Autrement, El-Mohtaçab-Aleh, qui ne mérite que des ménagements, ne lui prêterait pas l'oreille.

2° Les conseils et les reproches.

Ce second moyen ne peut être employé qu'à l'égard de celui qui veut commettre le fait, tout en sachant qu'il est interdit.

Ce n'est pas tout.

On peut encore faire plus pour ceux qui s'abandonnent aux caprices les plus erronés et pour qui les moyens précédents ne suffisent pas pour les ramener à l'honnêteté : la mort même peut servir de moyen efficace pour la Hesbah.

Par exemple, El-Mohtaceb qui trouve dans un lieu désert un individu qui veut attenter à la pudeur d'une femme, et pour lequel les conseils les plus purs et les plus insinuants, ainsi que les reproches, ne suffisent pas pour le détourner de ce qu'il commet, est autorisé à le tuer.

Aucune responsabilité n incombe à l'auteur de cet homicide, parce qu'on considère que c'est la victime elle-même qui s'est donné la mort en s'abaissant au niveau de ces hommes qui ne méritent pas la vie.

OBSERVATION. — Les moyens employés ici doivent être indispensables. Autrement, ils seraient injustes et la responsabilité en retomberait sur El-Mohtaceb lui-même.

Fonctionnement de la Hesbah.

On sait déjà que la Hesbah est une charge imposée à tous les musulmans, sans distinction aucune.

Chacun d'eux doit défendre le mal qui se commet et empêcher le coupable d'arriver à la complète exécution de ses méchants projets.

A cet effet, le Prophète a dit :

« Si quelqu'un d'entre vous remarque des

abus, qu'il les fasse disparaître en y portant la main ; s'il ne le peut pas avec la main, qu'il y emploie la parole ; et si la langue est trop faible, qu'il y travaille avec son cœur. »

Ce devoir imposé à tous les musulmans s'impose aussi au Calife et au juge considérés comme tels.

En sa qualité de musulman, le Calife est astreint à s'acquitter de cette charge.

Celui-ci choisit pour l'accomplir un homme qui lui paraît posséder les qualités nécessaires.

Une fois le Mohtaceb devenu fonctionnaire, il cherche les abus pour les prévenir.

Ainsi, il empêche qu'on obstrue la circulation de la voie publique ; il oblige les propriétaires des maisons en ruine à les faire démolir ; il inspecte les fraudes dans le commerce, l'usage de faux poids et mesures de capacité, et tout abus ou malversation semblable.

Dans ces conditions, le Mohtaceb remplit les attributions d'une véritable police administrative, puisqu'il fait tous ses efforts pour prévenir les infractions.

Mais l'histoire nous apprend que le Mohtaceb remplissait d'autres charges et réunissait aux attributions précédentes un pouvoir semblable à celui du juge sommaire de nos jours.

Il rendait la justice, réprimandait les coupables, jugeait certaines affaires ; mais son pouvoir ne s'étendait pas jusqu'à juger toutes sortes de réclamations.

Il n'embrasse que les plaintes qui ont pour objet des fraudes employées dans le commerce ; il engage les débiteurs retardataires à satisfaire leurs créanciers, et s'occupe d'autres choses de cette nature dans lesquelles il n'y a ni preuve testimoniale à recevoir ni autorité judiciaire à exercer.

On pourrait dire que ce sont des affaires dont le Cadi, juge, dédaigne de s'occuper, tant elles sont ordinaires et faciles à décider, et qu'on laisse pour cette raison au Mohtaceb afin qu'il y mette ordre.

CHAPITRE V

CERTAINES ACTIONS AYANT UN CARACTÈRE POPULAIRE.

On se rappelle que nous avons dit en traitant de l'action répressive qu'elle est en principe une action purement privée, ce qui a nécessité l'examen du système répressif en droit musulman et l'examen d'une objection que l'on connaît déjà et que nous avons été obligé de repousser par les arguments qui viennent d'être exposés.

L'étude que nous abordons maintenant, quoiqu'elle ait pour objet une exception, n'en sert pas moins de nouvel argument contre la susdite objection.

L'existence d'actions ayant un caractère populaire est une garantie de plus pour le maintien de la sécurité publique et de l'ordre social.

Ces actions sont celles qui résultent de faits donnant naissance à un droit pur de Dieu.

Il me semble nécessaire de donner ici en deux

mots la théorie de la division des droits dans la législation musulmane.

D'après le droit Islamique, les actions de l'homme donnent naissance, soit à un droit pur de Dieu, soit à un droit pur de l'homme, soit à un droit mixte unissant le droit de l'homme et le droit de Dieu.

La première catégorie se rattache aux faits qui intéressent exclusivement la société et qui ne donnent lieu à aucune espèce de droit revenant à l'individu. Exemple : l'ivresse.

La peine prononcée par la loi contre l'ivrogne est un droit pur de Dieu, parce que l'ivresse est interdite dans un but exclusivement social qui est la sauvegarde de la société contre la perte de la raison de ses membres.

Mais, aucun droit ne revient à ceux-ci, parce que l'ivresse n'a pas causé de préjudice privé.

Comme conséquence de cette théorie, il résulte que la peine de l'ivresse est irrémissible, parce qu'elle est la propriété exclusive de Dieu.

La seconde catégorie (droit pur de l'homme) se rattache généralement aux actions naissant des rapports entre les hommes.

Cette catégorie forme, ce qu'on appelle en droit moderne, le droit privé.

Ainsi, tous les droits engendrés par les contrats, entrent dans le domaine du droit pur de l'homme, parce qu'il en a la propriété et la jouissance la plus absolue.

La troisième catégorie se rattache aux faits qui produisent un préjudice social et privé en même temps. Exemple : le vol et le meurtre.

Le préjudice causé par ces infractions engendre un droit ayant un caractère mixte réunissant le droit de l'individu et celui de la société, avec prédominance de l'un ou de l'autre.

Ainsi, en matière de vol, la personne volée a le droit de poursuivre le voleur en justice en restitution des objets volés et en application de la peine ; mais elle ne peut pas légalement faire remise de la peine, car il s'agit d'une action mixte dans laquelle le droit de Dieu est prédominant.

L'action répressive est purement privée dans toutes les hypothèses, excepté celles où le droit pur de Dieu est en jeu.

Dans ce cas, l'action est revêtue d'un caractère populaire, parce que son exercice est confié à tout musulman, et cela pour les raisons suivantes :

1° Les infractions qui donnent lieu à un droit pur de Dieu n'engendrent pas ordinairement un préjudice privé quoiqu'elles causent un désordre social qu'il faut nécessairement réprimer.

Dans ces conditions, qui est-ce qui jouera le rôle d'accusateur, si personne n'est directement victime de l'infraction ?

Ainsi, qui est-ce qui se croirait lésé personnellement parce qu'un de ses semblables se livre à la boisson ?

L'on comprend par là la nécessité d'accorder le droit de poursuite à tout musulman dans ces hypothèses.

Il faut que la société se défende contre de pareils méfaits par l'organe de ses membres.

2° En outre, la dénomination donnée à cette catégorie de droits n'est que pour garantir plus solidement les intérêts sociaux.

En d'autres termes, c'est pour barrer complètement l'accès de ces infractions que ces droits sont mis sous la protection divine.

Or, tout musulman est censé représenter le pouvoir providentiel sur la terre pour maintenir ses prescriptions et empêcher toute violation de ses droits.

CHAPITRE VI

CONCLUSION.

On voit bien par ce qui précède que le principe en droit musulman est celui-ci :

L'action répressive est une action purement privée qui n'appartient qu'à la partie lésée ou à ses héritiers, et comme conséquence de ce principe, il résulte :

1° Que le juge ne peut appliquer la peine légale sans une poursuite soutenue par la victime ou par ses ayants droit ;

2° Que, dans certaines hypothèses, la partie lésée peut empêcher l'exécution par la remise de la peine.

Ce principe souffre cependant quelques exceptions quand l'infraction donne naissance à un droit pur de Dieu, tels sont les cas d'ivresse et d'adultère.

C'est alors seulement que l'action prend un

caractère populaire et son exercice appartient à tous les musulmans.

Mais, à côté de ce principe, existent, en droit musulman, certaines institutions parallèles qui ont pour but le maintien de l'ordre public et la sécurité sociale.

Ces institutions sont :

1° Les *Taazirs*, peines indéterminées que le juge peut prononcer d'office dans le cas où la peine légale n'est pas appliquée pour une raison quelconque ;

2° *El-Hesbah*, ou le droit appartenant à chaque musulman d'ordonner le bien et de défendre le mal, charge convertie plus tard en fonction publique dont la mission est la sauvegarde de l'ordre social.

DEUXIÈME PARTIE

EXERCICE DE L'ACTION PÉNALE
PROCÉDURE ET MODES DE PREUVE

CHAPITRE PREMIER

EXERCICE DE L'ACTION PÉNALE.

*Par qui l'action répressive peut-elle être exer-
cée ?*

Nous savons déjà que l'infraction donne naissance soit à un droit de Dieu mélangé avec un
droit de l'homme, soit à un droit pur de Dieu.

Dans la première hypothèse l'action ne peut
être exercée que par la partie lésée ou ses héritiers. C'est le cas du meurtre, du délit de coups
et blessures, du vol, etc.

4.

Dans la seconde hypothèse elle peut être exercée par chaque musulman qui a droit de se constituer partie dans le procès. Tel est le cas d'adultère et celui d'ivresse.

Contre qui l'action répressive peut-elle être exercée ?

En droit musulman, la peine est personnelle, en ce sens qu'elle ne peut atteindre que le délinquant. Lui seul doit en subir les effets. Les versets du Coran justifient suffisamment la théorie que nous avançons : « *Nul ne doit faire supporter par les autres le fardeau de ses actes.* »

Cela explique le principe de l'Islam de ne rendre chacun responsable que de ses propres actions.

De là il suit que l'action répressive, qui a pour but l'application de la peine, ne peut être intentée que contre l'auteur de l'infraction.

C'est là une application immédiate du principe de la personnalité des peines.

Si le coupable vient à mourir avant toute poursuite, il va de soi que sa mort éteint l'action répressive.

Il en est de même si l'action est déjà intentée et si la mort survient au cours des poursuites.

Procéduro.

Comparution. — La personne qui veut intenter une action en justice doit, en droit musulman, comparaître personnellement ou par man-
dataire devant le *Cadi*, juge.

Aucune procédure ni formalité ne doit précé-
der légalement cette simple comparution.

Le demandeur se fait accompagner ordinairement du défendeur, afin que le juge puisse
procéder immédiatement à l'examen du procès ;
car, en droit musulman, on ne connaît pas le
jugement par défaut (1).

Dans le cas où le demandeur ne réussit pas à
amener avec lui le défendeur, le juge assigne
ce dernier à comparaître au jour et à l'heure
par lui fixés.

Cependant il peut arriver que le domicile du
défendeur étant trop éloigné, celui-ci ne puisse
retourner le jour même dans sa demeure.

En ce cas, et pour prévenir des poursuites
vexatoires, le devoir du juge est de vérifier la

(1) Sauf quelques cas où le cadi peut juger en l'absence du
défendeur mais après lui avoir nommé un procureur qui est
censé le représenter.

vraisemblance des faits qui font l'objet de la poursuite.

Dans ce but, le juge fait affirmer sous serment au demandeur l'objet de la poursuite.

Si le défendeur est assigné par devant un autre tribunal que celui de son domicile, il peut faire défaut, car il est de principe en droit musulman, que le défendeur doit être assigné par devant le tribunal de son domicile.

Débats. — Une fois les deux parties présentes devant le juge, la parole est donnée au demandeur pour exposer sa demande.

Il développe ses prétentions et présente ses conclusions verbalement.

Le défendeur est ensuite interrogé sur le point de savoir s'il reconnaît l'exactitude des faits affirmés contre lui.

Le défendeur peut répondre par un aveu ou par une dénégation.

La façon de procéder du juge variera suivant que le défendeur a répondu dans l'un ou dans l'autre sens.

On étudiera cette procédure en détail dans les paragraphes suivants qui traitent des modes de preuve.

CHAPITRE II

MODES DE PREUVE.

Les principaux modes de preuve auxquels le juge peut recourir sont : *la preuve testimoniale, l'aveu, le serment, le kassamah et les présomptions concluantes.*

1° *Preuve testimoniale.*

(a) **Définition.**

Le témoignage est défini : « *Une déclaration sincère faite à l'audience du tribunal, dans le but de prouver un fait, et accompagnée de l'expression : je témoigne.* »

La preuve par témoins, en droit musulman, joue un rôle très important dans l'instruction judiciaire.

C'est sur ce mode de preuve que l'on compte le plus pour vérifier les allégations des parties.

Aussi, est-il du devoir de chaque musulman de révéler à la justice les faits parvenus à sa connaissance.

Il commettrait un *moharram* (péché très grave) s'il se permettait de garder le silence sur les faits qu'il connaît.

Le Coran impose ce devoir dans les versets suivants : « *Ne cachez pas le témoignage ; quiconque se le permettra aura la conscience coupable.* »

C'est pourquoi dans le monde de l'Islam on considère le témoignage comme une sorte d'impôt dont il faut s'acquitter.

Ce n'est pas sans raison que la preuve testimoniale occupe le premier rang parmi les modes de preuve.

Le législateur l'a entouré de garanties telles qu'elles assurent sa force probante.

(b) Conditions de validité

Ainsi, pour l'admissibilité et la validité de ce mode de preuve, il faut le concours de plusieurs conditions dont voici les plus importantes :

1° Il faut que le témoin possède ses facultés intellectuelles ;

2° Il doit connaître parfaitement les faits sur lesquels il dépose, afin de s'acquitter exactement de son devoir de déposer sans hésitation ou incertitude (1) ;

3° Il faut qu'il n'existe aucun lien de parenté en ligne directe entre le témoin et la personne en faveur de laquelle il dépose. Par conséquent, n'est pas admis le témoignage d'un individu pour ses descendants et vice versa.

4° L'absence d'hostilité ou d'inimitié entre le témoin et la personne contre laquelle il témoigne.

Mais ce n'est pas tout. Le témoin doit encore remplir une condition plus importante que celles qui précèdent : il doit être *adl* ou intègre.

El Adalah. — El Adalah ou l'intégrité consiste dans les qualités suivantes :

1° Assistance régulière à la prière publique ;

2° Fidélité notoire dans les marchés qu'il conclut, l'homme devant surtout être apprécié par sa conduite en matière de transactions ;

3° Fidélité scrupuleuse dans la restitution des dépôts ;

4° Véracité reconnue de tous ;

(1) En matière criminelle ne peut être admis à déposer que celui qui a été témoin oculaire de l'infraction.

5° Il faut qu'il n'ait jamais commis de *Ka-baïrs* ou grands crimes ;

6° Il faut qu'il ne soit pas habituellement coupable d'infractions de minime importance.

Le Cadi ou juge, pour constater l'intégrité du témoin, a recours à ce qu'on appelle *Tazkich*, ou preuve de l'intégrité.

Tazkich. — Cette procédure, Tazkich, n'a lieu qu'après la déposition du témoin. Ce n'est, en effet, qu'après la déposition que l'intégrité du témoin est ou non reconnue par la partie.

Si l'intégrité n'est pas reconnue, le juge doit procéder à la Tazkich, seul moyen de se convaincre que le témoin est intègre.

Cette procédure consiste dans l'invitation adressée par le juge à une personne connaissant le témoin d'avoir à attester son intégrité.

Cette personne s'appelle *Mozakki* (1) ou attestant de l'intégrité.

Le premier venu ne peut pas être Mozakki, car pour pouvoir jouer ce rôle, il faut connaître le témoin et avoir pu apprécier exactement sa conduite.

Ainsi, on peut être le Mozakki d'un témoin

(1) Le Mozakki doit être un homme dont l'intégrité est reconnue et incontestable.

si l'on établit qu'on a été son compagnon de voyage ou son associé dans un commerce, ou qu'on a conclu avec lui un grand nombre de transactions.

Si aucune des parties n'a contesté l'intégrité du témoin, le juge doit-il procéder de plano à la preuve de l'intégrité (Tazkieh), ou bien cette preuve est-elle inutile, chaque musulman étant présumé intègre jusqu'à preuve du contraire ?

Il faut faire la distinction suivante :

Si le témoignage a lieu dans un procès ayant pour objet un droit pur de l'homme et que la partie n'ait pas contesté l'intégrité du témoin, son silence vaut aveu que le témoin est intègre et alors la Tazkieh n'est pas nécessaire.

Mais si l'action résulte d'un droit de Dieu, le silence du prévenu ne suffit pas pour faire reconnaître l'intégrité des témoins.

En admettant même un aveu tacite de l'intégrité du témoin, il subsiste encore un doute qu'il faut dissiper complètement au moyen de la *Tazkieh* (1).

---

(1) Cependant Abou Youssef ne fait pas cette distinction. D'après lui la Tazkieh est toujours indispensable qu'il s'agisse d'un droit pur de l'homme ou d'un droit de Dieu.

Or, il faut repousser les Hodouds par les doutes.

On divise le témoignage en témoignage qu'on appelle *Hesbah* quand il s'agit d'une contestation où le droit de Dieu est en jeu, et en témoignage ordinaire quand la contestation porte sur un droit pur de l'homme.

Quand le litige porte sur un droit de Dieu, le témoignage doit être donné d'office.

Tout musulman doit prêter son concours et déployer tous ses efforts pour constater les droits de Dieu.

Il doit immédiatement et sans y être provoqué par aucune invitation révéler à la justice les méfaits de cette catégorie.

En effet les droits de Dieu intéressent la société entière, les infractions qui donnent naissance à ces droits attaquant directement l'ordre social.

C'est pourquoi le témoin d'El Hesbah n'a droit à aucune taxe en compensation de son transport et de la perte de son temps.

Mais si le litige porte sur un droit pur de l'homme, le témoignage ne peut être donné que sur la demande de la partie intéressée, sauf cependant le cas où cette partie ignore complètement le témoin. Dans cette hypothèse. il est du devoir de ce dernier de déposer d'office. Autrement, il exposerait l'intéressé à la perte de ses droits.

Pour cette catégorie de témoignage le témoin a le droit d'être dédommagé.

Dieu à ce propos a dit : « *Ni le rédacteur de l'acte ni le témoin ne pourront être lésés.* »

Le nombre des témoins varie suivant la nature des infractions et des peines applicables.

Le juge ne peut prononcer la peine d'adultère (*had-el-zéna*) que quand le fait est constaté par des témoins au nombre de quatre du sexe masculin.

Ces témoins doivent désigner exactement l'homme et la femme adultères, avec tous les détails et les circonstances se rattachant au crime. La moindre inexactitude ou contradiction suffit pour empêcher l'application de la peine.

L'on comprend facilement pour quelle raison le législateur musulman prescrit un tel nombre de témoins en matière d'adultère, ainsi que la grande exactitude qu'ils doivent mettre dans leur déposition.

L'adultère n'est pas réprimé d'une peine ordinaire que l'on puisse infliger à la légère. L'adultère est puni de la peine la plus grave dans l'échelle des Hodouds : la lapidation quand l'adultère n'est pas célibataire.

Pour l'application des autres Hodouds, la loi prescrit un nombre de témoins plus restreint. Elle se contente de deux du sexe masculin.

2° *De l'aveu.*

L'aveu est aussi un des modes de preuve en matière criminelle. Mais pour produire sa force probante, l'aveu doit être fait dans le seul but de la manifestation de la vérité.

Si, par conséquent, le juge éprouve un doute sur sa sincérité, il ne pourra en tenir compte et devra même, quand il s'agira de l'application d'un had, renvoyer l'accusé des poursuites, conformément à la tradition du Prophète : « *Repoussez les peines hodouds par les doutes.* »

Il peut arriver, en effet, que l'auteur de l'aveu ait voulu dissimuler la vérité pour des raisons qui lui sont personnelles.

A plus forte raison le juge doit écarter ce mode de preuve, s'il découvre que les déclarations de l'accusé sont mensongères comme dans le cas de l'impuissant qui avouerait avoir commis un adultère.

Le législateur musulman exige même plus de garanties dans l'aveu de certaines infractions.

Ainsi, l'aveu de la personne accusée d'adultère, pour être valable, doit être répété *quatre* fois. Par conséquent, celui qui avoue avoir commis ce crime, mais qui, après un premier aveu, un second ou un troisième, a retiré ses affirmations, ne pourra pas, à défaut de témoignage, être condamné par le juge à la peine de l'adultère puisque le nombre d'aveux ne s'est pas élevé au nombre légal.

La réitération de l'aveu n'est pas la seule condition de sa validité. Il faut aussi que la réitération de l'aveu ait eu lieu dans des séances séparées.

Voici la procédure que le juge suit à cet égard.

Il réprimande l'accusé et lui laisse le temps de réfléchir sur la gravité des faits avoués, et il le convoque pour une autre audience afin de donner le résultat de ses réflexions. La même formalité est renouvelée une seconde et une troisième fois, et l'aveu ne devient définitif que s'il y persiste la quatrième fois (1).

____

(1) L'aveu obtenu par la violence, n'est pas valable et la condamnation qui a pour base un aveu pareil est nulle.

3° *Du serment.*

En matière civile, le serment compte parmi les modes de preuve des allégations des parties, mais seulement dans le cas où la preuve testimoniale est impossible et où aucun aveu n'a pu être obtenu.

Lorsqu'il en est ainsi, on défère le serment au défendeur, conformément à la tradition du Prophète : « *Le témoignage incombe au demandeur et le serment au défendeur, qui dénie.* »

Mais, en matière répressive, la délation de serment ne peut pas être utilisée comme mode de preuve.

Le serment ne peut pas être déféré à l'accusé d'une infraction méritant un had, parce que cette délation n'est pas permise en matière de hodouds.

Il en est de même pour le meurtre et les coups et blessures avec préméditation.

Cette théorie se justifie par la raison suivante :

Il est de principe en droit musulman que le refus de prêter le serment a pour conséquence immédiate la condamnation de celui qui l'a refusé, parce que ce refus vaut aveu tacite. Or, le législateur n'admet, pour l'application des peines hodouds, que les aveux formels. A ses yeux, un aveu tacite est toujours douteux.

Or, le doute écarte les peines (Hodouds), conformément à la tradition du Prophète :

« *Repoussez les Hodouds, peines graves, par les doutes.* »

Cela est d'autant plus vrai, que, même dans le cas où l'accusé accepterait de prêter serment, le résultat serait toujours le même.

Car, dans l'hypothèse où il refuse, la conséquence est son acquittement, à raison du doute : et il sera également acquitté dans le cas contraire, parce qu'il aura affirmé sur la foi de Dieu qu'il n'a pas commis l'infraction.

Cependant, il est à remarquer que le serment peut servir de mode de preuve pour constater le préjudice privé ou civil naissant de l'infraction.

Ainsi, en matière de vol, le juge peut condamner le voleur à la restitution des objets volés, en se servant du serment comme mode de preuve, sans pouvoir cependant prononcer la peine.

Il en est de même en matière de meurtre avec préméditation.

Le meurtrier peut être condamné aux dommages-intérêts (*dich, prix du sang*), sans pouvoir être condamné à la peine capitale sur la foi exclusive du serment.

4° *El Kassamah*.

Ce mot arabe veut dire le *serment*. El Kassamah est une variété de serment. Elle a été réglée par *el cyma* (les conférences législatives des musulmans). Elle a lieu dans l'hypothèse suivante : On trouve quelqu'un tué dans un village sans connaître le meurtrier (1).

On déférera alors le serment à cinquante des habitants du village, choisis par celui des parents de la victime qui a droit à l'indemnité pécuniaire (*dieh, prix du sang*) parce qu'il a seul droit à la délation du serment.

Le serment doit être prêté dans cette formule : « *Je jure par Dieu que je n'ai pas tué cet individu et que je ne connais pas celui qui l'a tué.* »

La Kassamah peut donc être définie : la prestation de serment faite par cinquante personnes habitant le lieu où la victime d'un meurtre a été trouvée, par lequel elles attestent qu'elles n'ont pas commis ce crime et qu'elles ignorent son véritable auteur.

(1) Cette hypothèse n'est pas la seule où la Kassamah est admise.

Le refus de prêter ce serment n'entraine aucune responsabilité pénale. El Kassamah n'a qu'une sanction purement civile qui a pour but de faciliter la découverte du coupable inconnu d'un meurtre.

En effet, il faut supposer deux hypothèses dans le cas où le juge se sert de Kassamah :

1re *hypothèse : Les habitants du lieu du meurtre refusent de prêter le serment.*

Dans ce cas, si le meurtre est volontaire (1), ils seront contraints par corps jusqu'à ce qu'ils aient dénoncé l'auteur du crime ou qu'ils aient prêté serment qu'ils ignorent le meurtrier.

Si l'homicide est involontaire, ils ne seront soumis à aucune mesure coercitive, mais on les condamnera à la dieh ou prix du sang.

2e *hypothèse : Les habitants ont prêté le serment exigé par la loi.*

Dans ce cas, que le meurtre soit volontaire ou involontaire, une condamnation au prix du sang est toujours prononcée par le juge au profit de ses héritiers.

Cette responsabilité civile en cas de prestation du serment est une sanction contre la né-

(1) Le meurtre est réputé volontaire ou involontaire suivant la nature de l'action.

5.

gligence des habitants du lieu du crime qui devaient aller au secours de la victime pour empêcher la perpétration du fait ou au moins arrêter le coupable après la consommation de l'infraction.

Voici pourquoi la détermination du lieu du crime joue en cette matière une importance capitale.

L'admissibilité de ce moyen de preuve (Kassamah) dépend de la situation du lieu, de sa proximité ou de son éloignement des habitations, de son état de propriété privée ou publique, etc.

Les nombreux exemples que l'on trouve à ce sujet dans les ouvrages de Droit musulman permettent de poser le critérium suivant qui résume la solution de toutes les questions qui peuvent se présenter : *la Kassamah est admise toutes les fois que la victime est trouvée dans un lieu privé contre les habitants ou les propriétaires de ce lieu.*

La Kassamah doit être repoussée si le cadavre est trouvé dans un lieu public éloigné des habitations à ce point que les cris de la victime ne puissent arriver à l'oreille de personne.

Ce critérium posé, voyons maintenant son application.

La victime a-t-elle été trouvée dans une maison, sur un terrain, ou dans un village ?

El Kassamah est admise contre le propriétaire ou les propriétaires (1) de cette maison, de ce terrain, ou contre les habitants de ce village. Il en est de même si le meurtre a eu lieu sur un navire : les voyageurs et le personnel de l'équipage sont soumis à ce genre de preuve. Cette solution ne change pas dans le cas où la victime est saisie sur une monture, car c'est le conducteur qui en répondra (2).

La personne homicidée a-t-elle été, au contraire, trouvée dans un grand fleuve (tel que le Nil), ou dans une prairie ou dans un désert ?

Nul ne peut être responsable dans ce cas, et le serment de Kassamah ne saurait être exigé de qui que ce soit (3).

---

(1) D'après Abou Youssef, ce sont les habitants qui sont responsables, qu'ils soient ou non propriétaires.

(2) Si le nombre de ceux qui doivent prêter le serment n'atteint pas le chiffre de cinquante, ils répéteront le serment autant de fois qu'il faut pour atteindre le nombre légal. Par conséquent, le conducteur répétera le même serment cinquante fois.

(3) Pour les prairies, cependant, le prix du sang doit être payé aux héritiers par le Beit-El-Mal ou Trésor public, si l'État en tire un profit quelconque.

Cependant, si le meurtre commis dans les lieux précités a eu lieu dans le voisinage d'un village ou d'une ville, El Kassamah doit être déférée à ceux des habitants qui auraient pu entendre les cris de la victime et lui porter secours.

La même solution est prononcée par la loi dans le cas où la victime a été trouvée entre deux villages ou deux tribus. C'est à la tribu ou au village le plus voisin du meurtre qu'on défère le serment de Kassamah. Si la distance est égale, les deux villages ou tribus en répondront à la fois.

5° *Présomptions concluantes.*

Une présomption est concluante lorsqu'elle donne au fait la force d'une preuve.

On en donne généralement comme exemple l'hypothèse suivante :

L'on voit sortir une personne d'une maison, tenant à la main un couteau taché de sang, marchant d'un pas rapide et craintif. Aussitôt on entre dans la maison et l'on y trouve une personne qui vient d'être tuée, sans y trouver d'autres individus que celui qui sortait.

On le condamnera alors comme seul meurtrier, car il n'est pas à douter que c'est lui qui
a commis le crime.

Sur la question de savoir si les présomptions concluantes, à défaut d'autres preuves,
suffisent pour condamner, les Jurisconsultes
musulmans du rite Hanéfite ne sont pas d'ac-
cord.

Ibnou-el-Garce est le seul qui ait enseigné
l'affirmative, et son opinion a été adoptée par
d'autres.

Cependant, l'auteur du Bahre et le savant El
Ramly contestent la théorie d'Ibnou-el-Garce et
enseignent qu'elle n'est accréditée par aucun
texte faisant autorité.

A l'opinion de ces derniers s'est rallié l'auteur
de Korret El Eyoun (1), qui croit que les présomptions, quelle que soit leur gravité, ne peuvent avoir la force d'une certitude absolue.

En effet, ajoute-t-il, il peut arriver que la personne qui sortait de la maison ait tué pour se
défendre légitimement, ou que étant entrée par
hasard, et se trouvant en présence d'une per-

____

(1) *Korret El Eyoun*, par Ibn El Abdin fils, 3ᵉ édition,
vol. 1ᵉʳ, page 408.

sonne assassinée elle ait pris la fuite de peur d'être accusée d'assassinat.

Cependant, en droit musulman, la décision de l'Imam tranche toute division. Or, dans le megelleh El Ahkam (code civil ottoman), par un Iradeh (décret de S. M. le Sultan), les présomptions concluantes ont été rangées parmi les moyens de preuve.

TABLE DES MATIÈRES

Imp. G. Saint-Aubin et Thevenot. — J. THEVENOT, Successeur, Saint-Dizier.

www.ingramcontent.com/pod-product-compliance
Ingram Content Group UK Ltd.
Pitfield, Milton Keynes, MK11 3LW, UK
UKHW020327130726
13696UKWH00003B/1203